# ¡HORA DE FÚTBOL!

por Brendan Flynn

BUMBA BOOKS™
en español

EDICIONES LERNER ◆ MINNEAPOLIS

## Nota para los educadores:

En todo este libro, usted encontrará preguntas de reflexión crítica. Estas pueden usarse para involucrar a los jóvenes lectores a pensar de forma crítica sobre un tema y a usar el texto y las fotos para ello.

ediciones Lerner
Una división de Lerner Publishing Group, Inc.
241 First Avenue North
Mineápolis, MN 55401, EE. UU.

Si desea averiguar acerca de niveles de lectura y para obtener más información, favor consultar este título en www.lernerbooks.com.

**Library of Congress Cataloging-in-Publication Data**

Names: Flynn, Brendan, 1968– author.
Title: ¡Hora de fútbol!/ por Brendan Flynn.
Description: Minneapolis : ediciones Lerner, [2017] | Series: Bumba Books en español — Hora de deportes | Text is in Spanish. | "Título original: Soccer Time!"—T.p. verso. | "La traducción al español fue realizada por Annette Granat"—T.p. verso. | Includes bibliographical references and index. | Audience: Ages: 4–8. | Audience: Grades: K to Grade 3.
Identifiers: LCCN 2016025465 (print) | LCCN 2016033594 (ebook) | ISBN 9781512428742 (lb : alk. paper) | ISBN 9781512429879 (pb : alk. paper) | ISBN 9781512429886 (eb pdf)
Subjects: LCSH: Soccer—Juvenile literature. | Soccer—Miscellanea—Juvenile literature.
Classification: LCC GV943.25 .F63 2017 (print) | LCC GV943.25 (ebook) | DDC 796.334—dc23

LC record available at https://lccn.loc.gov/2016025465

Fabricado en los Estados Unidos de América
1 – VP – 12/31/16

Expand learning beyond the printed book. Download free, complementary educational resources for this book from our website, www.lerneresource.com.

# Tabla de contenido

# Jugamos al fútbol

El fútbol es un juego divertido.

La gente alrededor del mundo

lo juega.

red

balón

zapatos

No necesitas mucho para

jugar al fútbol.

Necesitas un balón.

Necesitas zapatos.

Necesitas una red.

Hay dos equipos.

Ellos juegan en un campo

de césped.

Cada equipo tiene una red

en una punta del campo.

¿Por qué usan diferentes camisas los equipos?

Los jugadores no pueden usar

las manos.

Deben patear el balón.

Sólo el portero puede recoger el balón.

El portero se para enfrente de la red.

**¿Por qué piensas que el portero puede recoger el balón?**

Los jugadores les pasan el balón
a sus compañeros de equipo.

Ellos corren por el campo.

Tratan de patear el balón fuera
del alcance del portero.

¿Por qué piensas que los jugadores se pasan el balón?

¡El balón llega dentro de la red!

Eso se llama un gol.

El equipo con más goles gana el partido.

Puedes ver un partido de fútbol

en tu escuela.

O quizás tu ciudad tenga

un estadio de fútbol.

La gente juega al fútbol

todo el año.

¡Es un gran deporte!

# Campo de fútbol

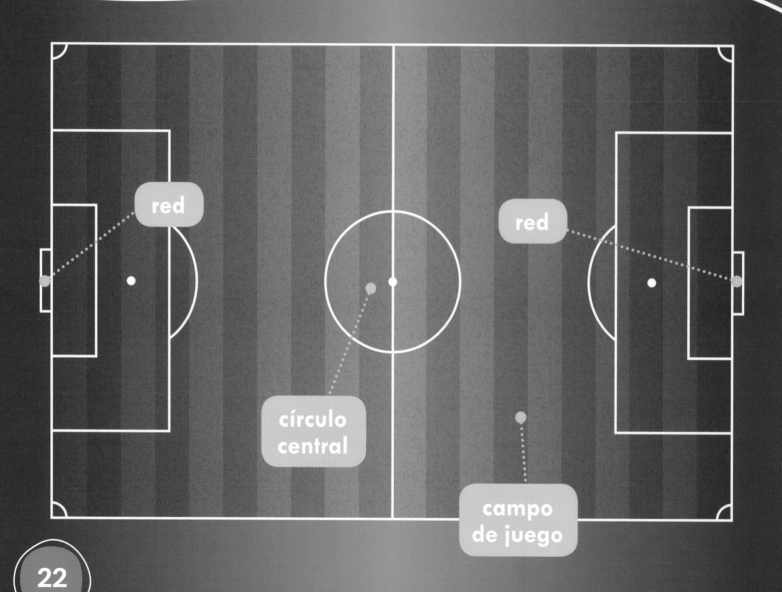

red

red

círculo
central

campo
de juego

22

# Glosario de las fotografías

**gol**

cuando el balón entra por la red

**pase**

patear el balón un compañero de equipo

**portero**

el jugador que detiene el balón para que no entre en la red

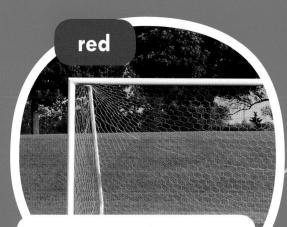

**red**

el sitio hacia donde los jugadores patean el balón para anotar un gol

23

# Índice

# Leer más

Mattern, Joanne. *I Know Soccer.* Ann Arbor, MI: Cherry Lake Publishing, 2013.

Nagelhout, Ryan. *I Love Soccer.* New York: Gareth Stevens Publishing, 2015.

Nelson, Robin. *Soccer Is Fun!* Minneapolis: Lerner Publications, 2014.

## Crédito fotográfico

Las fotografías en este libro se han usado con la autorización de: © Rob Marmion/Shutterstock.com, p. 5; © Ljupco Smokovski/Shutterstock.com, pp. 6–7 (primer plano); © komkrich ratchusiri/Shutterstock.com, pp. 6–7 (fondo); © Monkey Business Images/Shutterstock.com, pp. 9, 16–17; © Amy Myers/Shutterstock.com, pp. 10, 23 (esquina inferior derecha); © MANDY GODBEHEAR/Shutterstock.com, pp. 12–13; © Tumarkin Igor - ITPS/Shutterstock.com, p. 14; © Christopher Futcher/iStock.com, p. 18; © Brocreative/Shutterstock.com, p. 21; © enterlinedesign/Shutterstock.com, p. 22; © SOMKKU/Shutterstock.com, p. 23 (esquina superior izquierda); © Chris Hill/Shutterstock.com, p. 23 (esquina inferior izquierda).

Portada: © Brocreative/Shutterstock.com.